ESSAI

SUR LE SYSTÈME MODERNE

DE FORTIFICATION

ADOPTÉ POUR LA DÉFENSE DE LA FRONTIÈRE RHÉNANE,

Et suivi en totalité ou en partie dans les principaux ouvrages de ce genre construits maintenant sur le continent,

PRÉSENTÉ DANS UN MÉMOIRE ÉTENDU

SUR LA

FORTERESSE DE COBLENTZ

PRISE COMME EXEMPLE;

et illustré par des plans et coupes des ouvrages de cette place;

PAR

LE LIEUTENANT-COLONEL I.-H. HUMFREY,

Chevalier de l'ordre de Saint-Ferdinand, au service de Sa Majesté Catholique, ex-officier du corps royal d'état-major et de l'artillerie royale; Auteur de *Notes sur la campagne de 1800 en Italie*, et de *Notes sur la bataille d'Iéna en 1806*, etc., etc., etc.; récemment ingénieur commandant sur la côte de Biscaye;

TRADUIT DE L'ANGLAIS

PAR NAPOLÉON F***.**

Todo este pertenece al Genio, que se lo encuentra por si solo, sin estudio, sin reglas y sin modelos. *(Don Quijote.)*

PARIS,

J. CORRÉARD, ÉDITEUR D'OUVRAGES MILITAIRES,

RUE DE TOURNON, 20.

J. DUMAINE, neveu et successeur de G. LAGUIONIE, rue Dauphine, 36.

B. BEHR, à Berlin.
JOSEPH BOCCA, à Turin.
J. ISSAKOFF, libraire-éditeur, commissionnaire officiel de toutes les bibliothèques des régiments de la garde impériale, à Saint-Pétersbourg.
H. BAILLIÈRE, 219, Regent-Street, à Londres.
DOORMANN, à la Haye.
MICHELSEN, à Leipzig.
CASIMIR MONIER, à Madrid.

JUIN 1845.

Saint-Cloud.—Imprimerie de BELIN-MANDAR.

ESSAI

SUR LE

SYSTÈME MODERNE DE FORTIFICATION.

MÉMOIRE

SUR LA

FORTERESSE DE COBLENTZ.

ESSAI

SUR LE SYSTÈME MODERNE

DE FORTIFICATION

ADOPTÉ POUR LA DÉFENSE DE LA FRONTIÈRE RHÉNANE,

Et suivi en totalité ou en partie dans les principaux ouvrages de ce genre construits maintenant sur le continent,

PRÉSENTÉ DANS UN MÉMOIRE ÉTENDU

SUR LA

FORTERESSE DE COBLENTZ

PRISE COMME EXEMPLE;

et illustré par des plans et coupes des ouvrages de cette place;

PAR

LE LIEUTENANT-COLONEL I.-H. HUMFREY,

Chevalier de l'ordre de Saint-Ferdinand, au service de Sa Majesté Catholique, ex-officier du corps royal d'état-major et de l'artillerie royale;
Auteur de *Notes sur la campagne de 1800 en Italie,* et de *Notes sur la bataille d'Iéna en 1806,* etc., etc., etc.;
récemment ingénieur commandant sur la côte de Biscaye;

TRADUIT DE L'ANGLAIS

PAR NAPOLÉON F***.**

Todo este pertenece al Genio, que se lo encuentra por si solo, sin estudio, sin reglas y sin modelos. (*Don Quijote.*)

PARIS,

J. CORRÉARD, ÉDITEUR D'OUVRAGES MILITAIRES,

RUE DE TOURNON, 20.

JUIN 1845.

SIR J. WILLOUGHBY GORDON,

BARONNET,

Grand-Croix de l'ordre du Bain, Grand-Croix de l'ordre royal des Guelfes de Hanôvre, Colonel du 23e régiment (royal fusilier gallois), et Quartier-Mestre général des forces de Sa Majesté,

AVEC SA PERMISSION.

Cet Ouvrage est respectueusement dédié

Par son humble & obéissant Serviteur,

L'AUTEUR.

ESSAI

SUR LE

SYSTÈME MODERNE DE FORTIFICATION.

La forteresse de Coblentz est, sans contredit, une des plus importantes qu'on ait construites en Europe depuis la paix de 1815; et, soit que nous la considérions, dans l'ensemble des places fortes situées sur le Rhin, comme faisant partie de la grande frontière défensive du nord (1) de l'Allemagne, ou que nous l'envisagions isolément comme un chef-d'œuvre d'art, conçu d'après les principes les plus scientifiques et exécuté dans le style le plus élevé de l'architecture militaire, — nous la trouverons également digne de notre attention; en même temps la description exacte des détails de cette fortification composera un essai complet sur le système dont elle est une si heureuse application.

Une idée s'est répandue dans le monde et est fort généralement adoptée par la multitude d'observateurs superficiels et de *soi-disant militaires* (2) : on croit que les forteresses n'ont plus désormais de valeur comme moyen de défense, et que le système moderne de stratégie les rend non-seulement inutiles, mais même nuisibles, parce qu'elles peuvent devenir autant de points d'appui pour un ennemi qui s'en est une fois emparé. Nous espérons être capable de démontrer la fausseté et la sophistiquerie de cette opinion. Si les forteresses autrefois construites, conformément aux besoins de l'époque, ont été trouvées incapables de résister à la force supérieure des armées modernes et à l'accroissement des moyens d'attaque employés contre elles, cela prouve seulement qu'elles avaient cessé d'être proportionnées aux exigences de l'actualité; et que, au lieu de les démanteler pour toujours, il était nécessaire de les reconstruire d'après les mêmes principes qui ont dirigé le développement des moyens d'attaque ou d'invasion.

Une forteresse judicieusement située est à une puissance de l'intérieur des terres ce qu'un port est à un état maritime. De même que Plymouth et Portsmouth, Brest, Toulon et Malte sont indispensables à l'Angleterre et à la France, et servent d'arsenaux et de lieux de sûreté aux flottes de ces nations, — Cologne, Wesel, Coblentz, Mayence et autres places servent de dépôts et d'arsenaux à la Prusse et de boulevard à l'Allemagne. Durant la guerre révolutionnaire, les irruptions des hordes françaises (3) ne trouvèrent ni obstacle ni danger au passage du Rhin, dès que les résultats désastreux des campagnes mal conduites de 1792, 1793 et 1794 eurent obligé les contingents de l'empire à se retirer derrière cette grande frontière de la « patrie ». La France prit l'offensive, et aucuns efforts individuels de valeur, accomplis successivement par tous les Etats de l'empire germain, ne purent de longtemps, faute de combinaison (4), prévaloir contre le flux de conquête qui s'y précipitait avec tant de furie. Mais l'Allemagne est maintenant reconstituée : un certain nombre d'Etats distincts, dont chacun est gouverné intérieurement conformément aux convenances ou au génie de ses habitants, a composé une grande confédération. Chaque Etat, tout en conservant sa liberté de mouvement dans la voie des *améliorations*, forme une portion intégrante du grand empire qui fait concorder en lui ces éléments divers, — l'ensemble constituant un corps qui ne cesse de donner toutes les preuves d'une marche rapide dans la carrière de la civilisation, quoiqu'il ne soit pas, heureusement, peut-être (1), pour lui et ses voisins, sous le gouvernement instable de la multitude turbulente.

La forteresse qui fait le sujet du présent mémoire est située sur la grande frontière qui s'étend du Mein à la Hollande, et dans la ligne de la forteresse de Metz (prise comme centre d'une base d'opérations) à Hesse-Cassel et Magdebourg sur l'Elbe; et, tandis que Cologne et Wesel protégent les communications dans le bas Rhin et mettent à couvert d'une occupation la Westphalie et l'extrême nord de l'Allemagne, elle prémunit efficacement le pays contre toute tentative pour y pénétrer par les routes de la Hesse et de la Saxe, permettant ainsi à la Prusse et à ses alliés naturels dans cette partie du territoire de concentrer tous leurs moyens de défense dans la direction importante de Mayence, à l'effet de préserver d'une invasion le cœur de l'Allemagne.

Mais, indépendamment de sa valeur à cet égard, ou comme dépôt et point d'appui pour des opérations militaires sur la Moselle, elle compte encore comme place forte de seconde ligne servant de refuge et de lieu de ralliement à une armée forcée de se retirer de ses positions défensives sur l'extrême frontière; en même temps nous ne devons pas négliger d'apprécier son influence politique sur la contrée qu'elle commande par sa position, ni l'effet *moral* qui est attaché à sa possession. Elle est vraiment le cœur et en quelque sorte la capitale du pays fortifié qui s'étend du duché de Deux-Ponts à Aix-la-Chapelle et à la forteresse de Juliers, ou, en d'autres mots, de la Nahe, au midi, presque jusqu'à la Meuse, au nord, et comprend les districts du Hundsrück et de l'Eifel.

Organisée comme elle est maintenant en une vaste puissance militaire, mais aussi populaire dans le vrai sens du mot, et n'ayant d'autre armée que sa Landwehr ou milice, dans laquelle tout citoyen de l'Etat est soldat et obligé de prendre les armes dans une guerre juste pour la défense de sa patrie et de son foyer, la Prusse a dû indispensablement concevoir le plan du système défensif du Rhin sur une échelle proportionnée à l'importance du but qu'il lui faut atteindre.

---

(1) Textuel. (*Note du traducteur.*)

(2) En français dans le texte. (*Note du traducteur.*)

(3) Echantillon de la « Philosophie de l'histoire moderne » ouvragée dans les ateliers de la Grande-Bretagne. (*Note du traducteur.*)

(4) Uncombined valour, etc., c'est-à-dire qu'il fallut longtemps expérimenter avant de combiner des armées assez intelligentes pour opposer aux Français la vaillance de plus de deux combattants contre un. La première coalition fut conclue le 27 août 1791 entre l'Autriche et la Prusse, et toutes les autres puissances de l'Europe y accédèrent, à l'exception de la Suède, du Danemark, de la Suisse et de la Turquie; elle dura jusqu'au 17 octobre 1797, date du traité de Campo-Formio. Elle fut suivie de cinq autres : mars 1799, mai 1803, septembre 1806, avril 1809 et 1813. Voilà une leçon qui a cassé bien des têtes avant d'être comprise. (*Note du traducteur.*)

(1) *Peut-être* est naïf. (*Note du traducteur.*)

La forteresse ou position dont il s'agit commande, à tout prendre, les quatre angles opposés formés par la Moselle et la Lahn, qui se déversent dans le Rhin presque en face l'une de l'autre; parce que, si la Lahn entre dans le Rhin à une lieue environ au-dessus de Coblentz, la disposition du terrain à son embouchure est pourtant telle qu'il doit être nécessairement considéré comme faisant partie du système, car il contribue très-essentiellement à la défense de l'ensemble et ajoute considérablement, comme nous le ferons voir tout à l'heure, à la difficulté d'investir la position sur la rive droite du Rhin.

Si nous jetons un coup d'œil sur la carte de cette partie du pays, nous verrons que la grande route de Trèves traverse le Rhin à cet endroit, et se dirige par Montabaur sur la Hesse-Cassel, tandis que les communications établies par la route nouvelle qui relie Altenkirchen et Magdebourg dépendent aussi du passage du fleuve dans ce même parage. La grande route de Cologne à Mayence passe par la ville de Coblentz, et la route de Francfort à travers le duché de Nassau rencontre celle de Montabaur environ à une lieue d'Ehrenbreitstein. Au midi de la Lahn il n'y a pas d'autre route principale; néanmoins une route collatérale, issue de la première à peu près à moitié chemin de Mayence, mène au Rhin par deux embranchements, à Saint-Goar et Boppart, et aboutit à Braubach.

Ceci observé, on concevra de suite l'importance d'une protection assurée à ces localités : d'une part, toutes les communications intermédiaires ou directes frayées dans l'espace compris entre ces quatre points opposés passent en quelque façon dans la sphère de la position, et, d'autre part, le pays est d'un accès si difficile, qu'il devient presque impossible d'éviter les grandes routes et de pénétrer par des circuits, quand bien même un corps d'observation réussirait pendant quelque temps à interdire d'un côté toute sortie à la garnison.

Après avoir ainsi donné une idée générale de la situation de la place, nous procéderons à l'investigation détaillée de toutes ses parties, et nous reconnaîtrons de quelle manière peut en tirer avantage un corps ou une armée obligée de se confier temporairement à la protection de cette forteresse.

La ville de Coblentz compte de 12 à 15,000 habitants et est située exactement à l'angle formé par le confluent du Rhin et de la Moselle. Elle a environ trois quarts de mille d'étendue dans tous les sens; et le côté attenant à la campagne est fermé par un rempart à angles saillants et rentrants que flanquent des ouvrages casematés à l'épreuve de la bombe et destinés à recevoir trois canons sur chaque flanc. Les portes sont de solides constructions casematées, disposées pour servir de casernes aux troupes et contenant des canons pour flanquer les fossés de chaque côté ainsi que les approches. Elles sont séparées entièrement du rempart et forment une sorte de citadelle inaccessible à l'escalade à la fois du dedans et du dehors. Le profil du rempart est à peu près celui proposé par Carnot; il a un revêtement détaché et crénelé, seulement le chemin de ronde n'est pas de niveau avec le fond du fossé, il est à une certaine élévation au-dessus (1).

L'accès par le Hundsrück est défendu par un vaste ouvrage, nommé le fort Alexandre, soutenu par d'autres petits ouvrages détachés qui occupent les hauteurs au midi de la ville entre le Rhin et la Moselle. Cet ouvrage commande complétement toutes les approches par ces deux rivières, et met la ville à l'abri de tout danger de bombardement. Il facilite les opérations d'un corps de troupes agissant dans une position avancée sur la Moselle ou le Rhin, et il faut pour le défendre un nombre d'hommes comparativement peu considérable, puisque la garnison peut être relevée à volonté durant toute période du siége. Il n'y a moyen d'obtenir cette heureuse solution d'un problème si difficile que là seulement où la nature semble, comme dans le présent exemple, avoir disposé réellement le terrain à cet effet; ou plutôt là où l'art a adapté le travail aux indications de la nature de telle façon qu'il est malaisé de décider qui des deux a été fait pour l'autre. Les détails de cette fortification, de même que ceux des autres ouvrages, sont admirablement combinés, et exécutés dans un style de construction parfait et durable.

Le principal front, comme nous l'avons déjà indiqué, est approprié à une défense active; sa contrescarpe monte en pente douce vers la campagne et le revêtement crénelé protége les sorties par un feu de mousqueterie, de concert avec les contre-gardes, qui ont seulement une petite élévation au lieu d'un chemin couvert. Le dessin de cet ouvrage est tout à fait original; c'est probablement une modification composée de plusieurs modèles, quelque chose de semblable au style de Montalembert. Le plan ci-joint donnera la configuration extérieure aussi correctement que possible; il a été vérifié par des observations réitérées et des comparaisons faites sur les lieux. La mesure employée est la perche prussienne ou rhénane, divisée en douze pieds, et égale à environ douze pieds quatre $\frac{1}{2}$ pouces anglais. On peut l'évaluer approximativement à quatre yards ou cinq pas, et l'auteur de ce mémoire l'a toujours trouvée correspondante aux données avec lesquelles il a eu fréquemment occasion de la comparer.

Tracez le front principal (voir la planche A) suivant une ligne A B = 160 perches (1), étendue droit à travers la

---

(1) **SUR LE REVÊTEMENT DÉTACHÉ.**

La question des revêtements détachés, ravivée par Carnot, ayant provoqué une controverse, il ne sera pas hors de propos d'en dire ici quelque chose. Le mur qu'il propose est simplement une modification de l'ancienne enceinte urbaine que présentent encore aujourd'hui plus de cinq cents places en Europe. On en peut voir d'excellents exemples à Aix-la-Chapelle, Cologne et diverses autres villes de l'Allemagne, en Italie pareillement et dans tous les coins de l'Europe. Le grand avantage qui en recommande l'adoption consiste, suivant lui, dans l'épargne de la dépense de maçonnerie, parce qu'il est seulement besoin d'un massif de quatre pieds environ d'épaisseur pour remplir les intervalles entre les piliers qui supportent les arceaux. Comme la crête du mur n'est pas visible par-dessus le glacis, il suppose qu'il n'est pas exposé à être battu en brèche de loin. Néanmoins des expériences ultérieures ont démontré que cela doit dépendre de la situation et d'autres circonstances étrangères à celle-là; car il n'est en aucune façon impossible de faire une brèche à l'aide d'obusiers et de mortiers tirés sous un angle peu élevé. Quelques avantages peuvent, dans certains cas, résulter de l'action directe du feu de mousqueterie dans le fossé, spécialement dans les ouvrages détachés, comme ceux du front de la Moselle; de plus, s'il advient que l'ennemi tente un assaut, ou s'efforce de parvenir aux ouvertures des galeries de mine dans le fossé, ils offrent un chemin de ronde sûr et exempt des inconvénients de l'ancienne disposition depuis longtemps inusitée, et il n'est pas à craindre qu'il se passe de nuit près de la contrescarpe rien qui ne puisse être observé. Quoi qu'il en soit, une bonne défense flanquante n'en est pas moins nécessaire dans tous les cas. La construction de ces revêtements présente certainement une économie de maçonnerie; et, si aucun désavantage particulier n'est causé par leur emploi, cette seule considération peut décider la question en leur faveur. L'escalade doit, dans quelques conjonctures, devenir plus difficile, l'ennemi ne pouvant trouver à prendre pied au sommet, parce que le mur est supposé terminé en crête et est entièrement séparé du parapet. Pour ce qui est de l'expérience faite à Woolwich il y a quelques années, elle fut conduite dans toutes les conditions avantageuses pour l'attaque et désavantageuses pour le mur de défense, en ce sens qu'il venait seulement d'être bâti, que sa position était exactement connue, et que la portée des bouches à feu était certaine à un pied près, tandis que le contraire doit généralement arriver. Quand l'assiégeant a une fois réussi à établir une batterie sur la contrescarpe, ce qui est en front importe peu, il faut que la brèche soit ouverte s'il peut faire taire le feu des flancs à l'aide de ses contre-batteries; mais si une batterie *éloignée* a seule tiré sur la crête du glacis, ou sur une contre-garde, qui peut être aussi revêtue en front et en arrière, toute personne sans préjugé conviendra qu'un ennemi hasarderait beaucoup en se mettant en marche pour gravir la contrescarpe dans l'attente de trouver une brèche praticable, surtout dans les endroits où cette contrescarpe est minée. Quant à ce qui nous occupe présentement, ce genre de revêtement a été adopté pour l'enceinte de la ville, dont l'approche est d'ailleurs impossible, — pour les forts situés sur la rive gauche de la Moselle, où son emploi accroît des avantages particuliers, — et pour le principal front du fort Alexandre, destiné à être défendu par des sorties, et couvert entièrement par un des plus beaux systèmes de contre-gardes qui soit en Europe.

(1) La longueur des fronts extérieurs et intérieurs sera toujours adaptée au terrain, etc., et pourra varier de 160 à 120 perches, ce qu'on doit considérer comme les deux limites extrêmes pour l'extérieur, et de 125 à 85 perches pour l'intérieur.

plaine. Bissèquez-la par une perpendiculaire égale au *douzième* de A B. Tracez les demi-gorges C D, C E, chacune un *septième* de A B, et la capitale C F = $\frac{1}{8}$ A B, ou chacune des faces D F, E F, $\frac{1}{5}$ (un cinquième), ce qui fera les angles diminués D A H, E B H, de dix degrés chaque, et tracez les faces des contre-gardes hors de la portée du tir à ricochet de tous les points du terrain en avant sur la droite et sur la gauche, — *Ce qui est le grand but qu'on a réussi à atteindre.*

Tracez le front intérieur *a b* égal à 125 perches, parallèlement au front extérieur, et à la distance de vingt perches en deçà. Divisez-le en trois parties égales *a d*, *d e*, *e b*, et du centre *h* élevez *h* H = *h d*, ou *h e*. Du centre H, qui correspondra à peu près au centre de A B et peut être pris pour le même point, décrivez un arc *d*, *i*, *k*, *e*, et tracez les flancs *d i*, *k e* = 8 perches ou 100 pieds chaque, pour contenir six casemates en arrière du revêtement. Joignez *i k* pour la courtine. Tracez *d* H, *e* H parallèles à D F, E F, et dirigés vers les épaules *d*, *e*, pour la contrescarpe. Tracez la partie circulaire d'un rayon de 5 perches qui donnera le point *m*, et tracez *i m*, *k m* pour la direction des faces de la caponnière ou de l'ouvrage flanquant C. Les flancs de la caponnière ont 8 perches, sont parallèles à la capitale à une distance de 4 perches de chaque côté de cette ligne et rencontrent les faces aux points *n*, *o*. Le fossé du front des bastions a 7 perches, et il est parallèle aux faces.

La caponnière flanquante est un ouvrage excessivement fort à deux étages de casemates, entièrement couvert par la contre-garde ou la demi-lune qu'il a en front, et qui a le même commandement, à une couple de pieds près, que le corps de la place.

Les flancs de la caponnière ont chacun cinq canons dans l'étage inférieur pour flanquer les fossés, et autant dans l'étage supérieur pour flanquer à la fois les terre-pleins des contre-gardes et les fossés des bastions ; le sommet est couvert de terre et n'a aucune destination. Elle est balayée par le feu croisé de tout le front, ou au moins des flancs et de la courtine. Les casemates du saillant sont percées de meurtrières. Chacune de ces caponnières sert de caserne, et l'on peut y loger commodément de 160 à 200 hommes, outre les munitions. A moins que la demi-lune ne soit prise, l'ouvrage ne peut être attaqué, et comme le front est parfaitement défendu par un système de mines conforme aux meilleurs principes, l'ennemi ne pourrait s'établir sur le terre-plein de la demi-lune sans d'énormes sacrifices de temps et d'hommes ; ou plutôt, si la place était convenablement défendue, se loger dans la demi-lune serait impraticable sous le feu croisé des remparts garnis de batteries blindées et qui ne peuvent être enfilés d'aucun côté.

Les flancs *d i*, *k e*, contiennent des canons dans des casemates pour flanquer le fossé de la caponnière, et le parapet peut aussi recevoir des batteries blindées pour balayer le terre-plein de la demi-lune. Les fossés de ce dernier ouvrage et ceux des contre-gardes sont flanqués par des batteries casematées en arrière du revêtement détaché et formant des orillons solides qui couvrent le corps de la place du feu d'une batterie établie à la partie circulaire du fossé de la demi-lune. Des passages commodes, de 10 pieds de large, sont pratiqués en arrière des contre-gardes, en P et G, pour les sorties dans les fossés.

Il résulte de là que chaque partie du front est efficacement flanquée à la fois par des batteries casematées et par de la mousqueterie. On comprend facilement pourquoi le saillant de la demi-lune n'est pas projeté davantage ; il est placé dans le centre d'attaque, et les deux flancs du front de défense, c'est-à-dire les contre-gardes de droite et de gauche, et les faces des bastions placés derrière, peuvent en défendre l'approche par un feu croisé, ce qu'ils n'eussent pas fait s'il avait été plus avancé. Et, comme les deux saillants sont presque hors de la sphère d'attaque, on n'en aurait tiré aucune utilité ; mais, au contraire, le point le plus vulnérable aurait été porté en avant sans nécessité, et l'ouvrage n'eût pas été si bien adapté au terrain pour la défense éloignée. Quant à la défense rapprochée, il y a été amplement pourvu, et il ne peut raisonnablement exister aucune cause d'appréhender l'insuffisance des combinaisons qui l'assurent.

Tout l'ouvrage est entouré par une galerie de contrescarpe servant de galerie de mines, et d'où des galeries d'écoute sont conduites sous les fossés et les terre-pleins pour les besoins de la défense souterraine. Sur les fronts de droite et de gauche de l'ouvrage, les faces des contre-gardes et des demi-lunes sont faites à revêtements contre-voûtés ou revêtements en décharge. Cela vient probablement de ce que le terrain s'abaisse soudainement et ne présente pas assez de place ; et comme les faces des contre-gardes sur ces fronts sont exposées à l'enfilade, le rempart détaché n'aurait pas été aussi convenable en cet endroit. Le revêtement est aussi crénelé et atteint le même but, de toutes façons, que s'il était détaché. Il existe aussi des communications par-dessous le fond du fossé, soit avec les casemates en arrière du revêtement, soit avec une galerie qui, selon toute probabilité, est conduite parallèlement aux faces de l'ouvrage.

Le corps de l'ouvrage a la figure d'un parallélogramme oblique ayant 5 degrés de moins que l'angle droit. Le front et la gorge ont 125 perches ou 500 yards (1), et les deux côtés 105 perches chaque. Cette disposition a été adoptée pour conformer l'ouvrage aux indications du terrain. A droite et à gauche, les capitales des demi-lunes sont à 45 perches des angles *a* et *b*, ce qui les approprie aussi à la forme de l'éminence et amène d'autant mieux le feu sur les angles exposés. Le revêtement de tout l'ouvrage intérieur est détaché et crénelé, et les batteries flanquantes, les galeries, etc., sont semblables à celles du front principal.

Il n'y a point de chemin couvert, les contre-gardes ayant seulement un petit commandement d'environ 10 ou 12 pieds, ce qui revient au même pour la mousqueterie. On peut rassembler les sorties dans les fossés collatéraux et les faire marcher par les saillants A, B, protégés par des blockhaus en maçonnerie communiquant avec les galeries et fournissant un feu d'écharpe de trois canons sur la capitale des demi-lunes, et couverts du feu éloigné par une levée en forme de glacis. Des rampes faciles conduisent des fossés aux terre-pleins des contre-gardes, et chaque partie des détails est exécutée dans le style le plus parfait.

De tout ce qui précède il résulte que, pour s'établir sur les saillants des contre-gardes et de la demi-lune du principal front, un ennemi aurait à surmonter une série d'obstacles dont voici le sommaire :

Premièrement, un feu de canons, obusiers, mortiers, etc., partant de points innombrables et variables des remparts qui ne peuvent être enfilés, et par conséquent ne sont pas encombrés par des traverses, etc.

Secondement, le feu de la mousqueterie et des fusils de rempart, dès qu'il arriverait à portée.

Troisièmement, des sorties faites de points hors de la portée de ses batteries éloignées et contre lesquels il n'en peut établir.

Quatrièmement, la défense souterraine, remplie de chicanes et presque invincible si elle est bien conduite. A peine a-t-il essayé de s'établir, dans l'intention de creuser un puits et de placer une mine surchargée, qu'il saute même avant d'avoir eu le temps de faire les dispositions préparatoires ; et même en supposant qu'après une immense perte il parvienne, à force de temps et de persévérance, à détruire les galeries et à se loger sur le terre-plein, il est exposé de front et de flanc à un terrible feu de batteries jusqu'alors inaperçues et intactes. Comment pourrait-il établir des contre-batteries, ou s'avancer davantage ? La défense souterraine est toujours activement continuée dans les galeries en arrière du revêtement du principal ouvrage, et par les galeries d'écoute sous les fossés.

Nous ne saurions imaginer qu'il soit possible à l'ennemi de gagner assez de terrain pour être en position de pratiquer une brèche dans le principal ouvrage et de donner l'assaut ; mais quand même il y réussirait, il se trouverait exposé au feu d'un vaste réduit à trois étages, situé dans le milieu de l'ouvrage, qui le rend entièrement invisible du dehors, et nous devons en toute certitude considérer ce point comme inexpugnable, et cette solution du problème comme hors de doute, à savoir : que, toute attaque étant inutile et superflue, il faut que l'ennemi se contente de laisser un corps d'observation hors de la portée des canons de la place, et cherche à pénétrer par quelque autre route.

Au nord de la Moselle, l'approche par la route de Trèves

(1) Nous avons déjà dit que ces dimensions peuvent varier suivant les circonstances.

est défendue par un système d'ouvrages détachés, qui occupent la crête d'un terrain couvert de cailloux mouvants d'une étendue d'environ 700 yards et élevé de 100 pieds environ au-dessus de l'eau. Ils couvrent complétement ce côté de la ville, et ne peuvent être attaqués simultanément, parce que le plus avancé, appelé flèche de Bubenheim, ouvrage déjà fort intrinsèquement, voit de revers le glacis de la flèche de la Moselle et rend toute approche impossible à qui ne s'en est pas d'abord rendu maître.

Tout ce système d'ouvrages est combiné pour une résistance opiniâtre et pourvu de moyens de défense souterraine qui rendront l'attaque excessivement difficile et lente, pour ne pas en dire davantage. Néanmoins, devant le front de ces ouvrages, sur la rive gauche de la Moselle, le pays est favorable à une armée ennemie; c'est une vaste étendue de plaines couvertes de blé, où le terrain légèrement ondulé est propice aux mouvements de toute espèce de troupes. Ce côté de la forteresse serait le plus facile à investir; mais, comme c'est celui d'où l'on ne doit pas s'attendre à voir arriver des secours, la garnison peut s'y tenir sur la défensive, tandis que les autres côtés restent ouverts aux manœuvres sur les flancs et les communications de l'ennemi. Cette position donne à la garnison la faculté de reprendre l'offensive sur les derrières d'un ennemi qui aurait passé le Rhin à Neuwied, dans l'intention de gagner la route d'Altenkirchen et d'occuper le pays dans cette direction. Ces forts tiennent l'ennemi à distance du Rhin, et il y a entre eux et le fleuve assez d'espace pour garder en sûreté et hors de la portée du feu de grandes quantités de bétail et de fourrage.

Le principal ouvrage, le fort Francis, défend le terrain à la fois des deux côtés de la Moselle; et le feu de son réduit, ouvrage casematé d'une grande solidité et parfaitement couvert, rend impossible d'éviter de le prendre pour s'approcher de la ville. Il commande de plusieurs pieds les autres fortifications qui le précèdent, et est à l'abri d'escalade, même à supposer qu'il ne fût pas défendu par des mines.

La flèche de la Moselle couvre l'angle du fort Francis et découvre le terrain qu'il a en front. Une galerie communique avec les casemates en arrière de la contrescarpe de ce dernier ouvrage. Les mêmes dispositions de défense souterraine sont appliquées à tous ces forts, et ils sont inaccessibles à l'escalade. Le terrain compris entre la flèche de la Moselle et la rivière est flanqué par un orillon casematé, contenant trois canons qui ne peuvent être vus d'aucun point du front de l'ouvrage, et de plus par le feu des ouvrages placés sur l'autre côté de la rivière.

La flèche de Bubenheim est la première que l'ennemi doit attaquer. La crête du terrain qui s'étend par derrière elle vers le fort Francis sert de chemin couvert pour rassembler les sorties, et une galerie crénelée communique aussi avec ce dernier ouvrage. Les fossés sont flanqués par des casemates, et elle a les mêmes galeries, etc., que les autres ouvrages.

Elle contient sur la capitale une batterie de mortiers casematée, d'où un feu de projectiles creux peut être dirigé de tous côtés, pour la défense à la fois de près et de loin. Le terrain qui la sépare du Rhin est défendu par la flèche de Neuendorf, ouvrage semblable aux autres, et il est de plus sous le feu d'une batterie placée devant le front d'Ehrenbreitstein.

En faisant les calculs même les plus modérés, on trouvera que le temps nécessaire pour surmonter la résistance de ces divers ouvrages, défendus par des mines, dépasse de beaucoup celui qu'exigerait la prise de tout ouvrage unique, construit de préférence à ceux que nous venons de décrire; et aucun ouvrage, quelque vaste et dispendieux qu'il fût, n'occuperait aussi avantageusement le terrain. Un *maximum* d'effet a été obtenu là avec un *minimum* de moyens, question que peuvent seulement résoudre une intelligence judicieuse et des connaissances pratiques, acquises par une observation et une expérience d'un ordre peu commun, et possédées au plus haut degré par le général Aster, créateur de toutes les fortifications de Coblentz.

EHRENBREITSTEIN.

La citadelle d'Ehrenbreitstein est située sur la rive droite du Rhin, à l'opposé de l'embouchure de la Moselle dans ce fleuve. Assise sur un promontoire rocheux qui s'élève à 400 pieds au-dessus de l'eau, elle est inaccessible de trois côtés et défendue sur le front nord, le seul attaquable, par un double retranchement. Elle contient des casemates pour toute la garnison, l'artillerie et les munitions, et elle est la clef de toute la position; sans elle en effet la possession des autres fortifications serait pour l'ennemi d'un avantage purement négatif, car, aussi longtemps que tiendrait cet ouvrage, il serait dans l'impuissance de poursuivre ses desseins.

Elle commande à portée de canon toutes les hauteurs environnantes, et elle est soutenue par plusieurs petits ouvrages détachés dans des situations favorables pour regarder dans les plis de terrain qui ne peuvent être vus du principal ouvrage. Elle commande les approches du nord, de l'est et du sud, sur la rive droite du Rhin, le cours de ce fleuve et le pont sur la Moselle. Il y a eu là de temps immémorial une forteresse; sa première origine date des guerres de Drusus, alors que les Romains édifièrent plusieurs châteaux forts et forteresses sur les bords du Rhin, et un pont de pierre sur ce fleuve à Engers, entre Coblentz et Neuwied, où l'on suppose qu'était aussi placé le premier pont de César. En reconstruisant la citadelle sur le plan actuel, après la paix de 1815, on a trouvé, sous les fondations d'une vieille tour, de nombreuses antiquités qui viennent à l'appui de cette origine.

A ne pas compter le fleuve, la forteresse est approvisionnée d'eau par un puits de plus de 300 pieds de profondeur (sans communication avec le Rhin), qui jusqu'à présent n'a jamais tari, et par des sources qu'amènent à travers la plaine nord des conduits souterrains. La supériorité de la construction actuelle peut la faire regarder comme imprenable, excepté par la famine, l'ancien château fort ayant soutenu un siége de douze mois avec une faible garnison. On arrive au sommet du rocher par un chemin tournant taillé en partie dans le précipice, en partie supporté par des arches. A l'extrémité sud, un ouvrage détaché, appelé Helfenstein, traversé par ce chemin, contribue beaucoup à préserver de toute surprise, et est de fait une partie indispensable du tout.

Le front attaquable est disposé de la manière suivante, comme on le verra par la figure planche C :

La contre-garde de gauche contient seize embrasures de casemates pour des canons de gros calibre qui balayent tout le plateau de gauche à droite.

La face gauche de l'ouvrage central, qu'on peut appeler la demi-lune, a sept canons dans des casemates, qui croisent leurs feux le long de la contre-garde, à 400 yards du saillant. La face droite du même ouvrage a neuf canons dans des casemates semblables, qui découvrent le terrain à une grande distance, dans la direction du plateau de Niederberg.

La contre-garde de droite a onze canons dans des casemates, qui croisent leur feu de droite à gauche sur le plateau.

Chacun des fossés est flanqué par trois canons placés dans un étage inférieur de casemates, que l'on peut voir seulement de la contrescarpe.

Il suit de là que le front d'attaque est défendu par le feu croisé de 43 pièces d'artillerie dans des casemates, qui peut être concentré sur tout point donné, dans une ligne tracée à la distance de 400 yards des ouvrages.

Sur la droite du front, un ouvrage casematé contient 10 canons, qui balayent le terrain immédiatement en avant des saillants, et contre lesquels une batterie ne peut être placée sans présenter le flanc aux autres ouvrages. Les projectiles creux, tirés du retranchement intérieur, peuvent passer par-dessus les contre-gardes, dont les parapets ont seulement besoin d'être garnis de tirailleurs suivant l'occurrence.

Le même ouvrage casematé a deux rangées de 7 canons chaque, qui enfilent le plateau de Niederberg et la vallée comprise entre ce plateau et celui d'Arzheim. Le vaste ouvrage circulaire, appelé la « Tour sans nom » (ungenannte), contient dans des casemates solides trois rangées de 10 canons chaque, qui découvrent le côté de la montagne et toute la vallée de Niederberg.

L'extrémité droite de la contre-garde a 6 canons dans des casemates, qui regardent la vallée et le plateau de Niederberg, etc. La face droite du bastion du retranchement a deux rangées de 9 canons chaque. La courtine a deux rangées de

12 embrasures, et la longue branche, beaucoup plus basse et que l'on peut appeler à juste titre « La langue du diable, » a aussi deux étages de casemates, vingt dans le supérieur et seize dans l'inférieur, qui enfilent le plateau d'Arzheim.

On ne doit pas supposer que toutes les embrasures soient jamais armées à la fois.

L'avantage consiste en ce que, étant à couvert des boulets et des bombes dans toute l'étendue des ouvrages, la garnison peut, sans être elle-même exposée, changer et varier la position des bouches à feu et concentrer le tir sur un point quelconque.

On objectera maintenant que les revêtements sont nécessairement exposés aux coups éloignés, et par conséquent sujets à être mis en brèche dès le feu des premières batteries.

Néanmoins l'objection se réfute d'elle-même. S'il n'y avait pas de casemates, il ne serait pas nécessaire d'essayer de les détruire, et les rapides progrès faits dans les approches de toutes les fortifications, construites d'après les systèmes jusqu'à présent adoptés, attestent suffisamment la nécessité d'une tentative hardie pour sortir du sentier battu. Premièrement, on peut concentrer sur une batterie un feu capable de l'anéantir en un instant, si forte qu'elle soit, et le même feu peut être tourné successivement sur d'autres points. Le feu convergent des batteries éloignées fait rapidement taire les canons placés sur des remparts à ciel ouvert, ainsi qu'on en a vu des centaines d'exemples. Ensuite, dans le cas présent, les murs sont construits de telle façon qu'ils opposent d'eux-mêmes une difficulté invincible aux batteries de brèche. Les piliers qui séparent les casemates et supportent les arches sont projetés jusqu'au parement du revêtement (1) qui a dix pieds d'épaisseur, et les lits, au lieu d'être horizontaux, sont formés d'arches superposées où les joints rayonnent du centre. Le tout est construit en maçonnerie de blocage de façon à devenir en peu d'années semblable au roc massif. Comme les piliers ont 40 où 50 pieds d'étendue, ou même davantage, il n'est pas possible de les détruire en tirant sur une de leurs extrémités, quand bien même on supposerait le revêtement entièrement renversé, et par conséquent les arches qu'ils soutiennent et tout le rempart lui-même ne peuvent être mis en brèche ou sérieusement endommagés par aucun emploi de l'artillerie. Pour prévenir les éclats, les embrasures ont un revêtement en briques de 2 pieds d'épaisseur, et les canons peuvent croiser dans un angle d'environ 40 degrés, ce qui est plus qu'il n'est donné de faire dans aucun parapet de terre. Nous ne saurions imaginer des contre-batteries en état de résister à l'effet d'un feu concentré pareil à celui qu'on peut diriger sur elles du front nord, le seul côté dont les approches soient praticables à l'ennemi. Les endroits les plus voisins des plateaux de Niederberg et d'Arzheim en sont éloignés de 4 à 600 yards, et quand même les ouvrages seraient d'une construction ordinaire et faciles à mettre en brèche, l'ennemi n'aurait rien gagné, parce que ce côté de la montagne, élevé de près de 400 pieds au-dessus du fond de la vallée intermédiaire, est trop escarpé et rocheux pour permettre l'escalade.

Les ouvrages sont appropriés aux terrains qu'ils occupent, ce qui est dans tous les cas le grand but à atteindre. Le même système (2) ne conviendrait pas plus à un pays plat que les lignes de Torrès Védras ne pourraient être transposées sur les rives de la Tamise.

Tout le mérite de ces fortifications doit être attribué à l'honorable général Aster, qui les a projetées et construites avec l'assistance d'un corps d'officiers qu'aucun autre ne surpasse en Europe.

La dernière des quatre grandes divisions naturelles de toute la position est la hauteur de Pfaffendorf, « Pfaffendorfer Höhe», située au midi d'Ehrenbreitstein. Cet endroit est occupé par un simple ouvrage, à réduit casematé, comme tous les autres, dont le feu découvre l'espace en arrière de chaque côté, en même temps que le plateau d'Arzheim, placé aussi sous le feu d'Ehrenbreitstein même. L'accès de l'ouvrage principal est défendu par des ouvrages avancés à réduits ayant deux étages de casemates, qui rendent toutes approches impossibles avant leur prise, comme on le verra par le plan. Le fort et les ouvrages avancés sont minés de la même manière que ceux de la Moselle.

Cette position couvre la ville à l'est, et met la garnison en état de se maintenir aussi loin que la Lahn, en prenant avantage du terrain pour former un camp retranché; il s'y prêterait merveilleusement en effet, si, indépendamment de la garnison, un corps de troupes se trouvait d'aventure restreint à une position défensive, auquel cas l'investissement de ce côté serait hors de question. Les forts eux-mêmes donnent à la garnison le pouvoir de tenir l'ennemi hors de portée et de protéger le passage du Rhin par le pont de bateaux : les communications seraient interrompues et la ville serait à découvert, si ce point n'était pas occupé. Il est, de fait, aussi important qu'Ehrenbreitstein, quoique inutile sans cette citadelle.

Les côtés escarpés et inaccessibles de la vallée sont retranchés par des murs crénelés, afin d'empêcher les bons tireurs de prendre avantage des inégalités du terrain pour nuire aux assiégés, et un petit ouvrage casematé sur la route du plateau d'Arzheim regarde les vallées latérales et couvre la retraite des sorties dans cette direction. On a délibéré sur la construction au sommet de cette éminence d'un ouvrage semblable à celui de la hauteur de Pfaffendorf; mais ce point est si complétement sous le feu d'Ehrenbreitstein, d'Helfenstein et de Pfaffendorf, que cela est tout à fait superflu.

Un camp retranché sur les hauteurs de Pfaffendorf aurait des postes d'observation et des postes retranchés sur les collines qui longent la Lahn, et spécialement un fort pos e avancé à l'endroit où la route descend à Fachbach, le seul point accessible à tout ce qui n'est pas chèvre.

Celui-là maintiendrait la chaîne des avant-postes de gauche en communication avec le poste avancé d'Aremberg, sur la route de Montabaur, jusqu'à ce que l'ennemi se fût déterminé à une attaque en forme de ce côté; auquel cas le corps de troupes devrait, s'il se trouvait trop faible, se resserrer dans son camp sur la hauteur de Pfaffendorf.

Les communications avec Lahnstein, à travers l'embouchure de la Lahn, seraient protégées par un poste retranché dans le vieux château de Lahneck. Si les circonstances permettaient au corps bloqué d'envoyer des patrouilles le long du Rhin aussi loin que Braubach, il pourrait placer un poste à Marcusburg, qui est toujours entretenu et occupé par une garnison de Nassau. Cette position défend les approches et couvre en arrière la route d'Ems sur la Lahn. Ce sont là des points de grande importance et qui peuvent devenir très-forts, parce qu'un ennemi se hasardera difficilement dans ce pays, où, engagé entre deux rivières, il aurait l'Allemagne sur ses derrières et verrait ses communications exposées à être interrompues à tout instant. Bref, tout le cercle autour des confluents de la Lahn, de la Moselle et du Rhin reste libre et praticable sous la garde de cette importante position, à cheval sur le grand fleuve.

Dans l'évaluation du nombre de troupes absolument nécessaire pour occuper convenablement la forteresse et la préserver de tout danger en face d'un ennemi, nous devons considérer séparément chacune de ses parties.

Primo. Le fort Alexandre serait en sûreté contre un coup de main avec une compagnie (1) dans chaque « caponnière » et un bataillon dans le réduit; mais, s'il avait à soutenir un siége en règle, il y faudrait une garnison de trois bataillons, ou deux mille hommes au moins. Dans le cas où l'ennemi attaquerait ce côté avec toutes ses forces, il faudrait pour une défense active employer par intervalles jusqu'à trois mille hommes, mais sans nécessité de les loger tous dans l'ouvrage.

Dans les forts de la Moselle, quatre ou cinq cents hommes suffiraient généralement.

Il n'est besoin dans la ville d'autre troupe que la réserve, c'est-à-dire un bataillon, outre tout l'état-major, la police, etc., attachés au quartier général. Etant complétement sous le feu d'Ehrenbreitstein, elle ne peut causer aucune appréhension de révolte.

(1) Voir l'élévation de la caponnière, pl. A.

(2) Il est question seulement ici de la citadelle d'Ehrenbreitstein.

(1) Nous supposons « une compagnie » composée de 90 à 100 hommes, et le bataillon fort d'environ 800 hommes; mais les bataillons prussiens comptent 1,000 hommes divisés en quatre compagnies.

Avec un nombre proportionné de bouches à feu, un bataillon pourrait tenir dans Ehrenbreitstein, c'est-à-dire mille ou douze cents hommes au plus.

Sur les hauteurs de Pfaffendorf, un bataillon ou même moins peut suffire.

Fort Alexandre et ses dépendances. . .	2,000
Forts de la Moselle.	500 (1)
Réserve dans la ville.	800
Ehrenbreitstein (haut et bas). . . .	1,200 (2)
Hauteur de Pfaffendorf.	500
Total. . . .	5,000

Toutes ces garnisons peuvent être changées, augmentées et diminuées quotidiennement, ou selon les circonstances, et elles sont logées sûrement, commodément et sainement dans des casernes casematées.

Ainsi donc nous voyons que cinq mille hommes sont plus qu'il ne faut pour conserver cette importante position, même en cas d'attaque par une force de beaucoup supérieure. Toute autre observation serait superflue. En même temps, un corps de cinq à cent mille hommes peut camper dans une position imprenable sous la protection des forts. Mais la simple possession d'un point n'est en elle-même d'aucune conséquence, à moins qu'on ne l'envisage dans ses rapports avec les opérations des armées et comme un point d'appui ou un centre d'action. On peut impunément négliger de prendre une petite forteresse isolée, semblable à la plupart de celles de l'Europe, qui datent du siècle de Louis XIV; de même, pour raisonner dans ce sens, cinq mille hommes laissés à Coblentz, sous la condition *unique de s'y maintenir*, y parviendront certainement, avec la seule chance d'être interceptés ou neutralisés par une force égale. Mais le résultat important qu'assure la possession d'une place forte de ce genre, c'est le maintien des libres communications dans toutes les directions; un nombre quelconque de troupes irrégulières, de levées nouvelles ou de milice peut camper, se former ou se rallier sous ses murs; elle donne à une armée reprenant l'offensive une protection qui lui facilite le passage de toutes parts vers les flancs ou les derrières de l'ennemi; et enfin elle sert de dépôt et de refuge ou port de sûreté pour les membres du gouvernement, les principaux habitants, les richesses et tout ce qui pourrait profiter aux adversaires. Une telle autorité sur le *moral* d'une population est inappréciable, et les avantages n'en doivent pas un instant faire question.

RECONNAISSANCE DE LA MOSELLE

FAITE PAR L'AUTEUR EN 1834.

La principale et même la seule voie praticable pour une armée d'opérations dans cette partie du territoire rhénan est la grande route de Trèves, qui, comme on l'a déjà observé, longe la rive gauche de la Moselle. Néanmoins, eu égard au nombre de vallées profondes et impraticables qui toutes ont une direction transversale à cette rivière, et aussi à cause de la nature rocheuse de ses rives, on a dû faire passer la route à quelque distance du cours d'eau, afin d'éviter les innombrables circuits et sinuosités auxquels il aurait fallu la plier, et sa plus grande proximité de la Moselle est d'environ deux lieues, en ligne droite. De distance en distance cette route communique avec la rivière par des chemins de traverse qui côtoient le bord des précipices et s'enfoncent dans des ravins inaccessibles; et un corps de troupes détaché sur la rive droite doit, pour agir de concert avec le corps principal, assurer soigneusement ses relations et ses moyens d'assistance par ces divers sentiers, dont le tracé est le même sur les deux rives. L'armée d'invasion, qui négligerait de combiner des mouvements parallèles des deux côtés de la rivière, serait constamment en danger d'être taillée en pièces, ou, sinon entièrement détruite, au moins contrainte à interrompre ses opérations par les manœuvres sur ses flancs et ses derrières d'un ennemi possesseur de tous les passages de la Moselle En raison de ces circonstances, l'occupation du Hundsrück, ou du pays situé sur la rive droite de la Moselle jusqu'au Rhin et à la Nahe, a toujours été et sera toujours une éventualité nécessaire dans toute campagne contre le bas Rhin; et de là vient la construction des nombreux châteaux et des positions retranchées plus récemment établies dont les vestiges se voient encore, qui ont eu pour objet de garder les avenues et de commander le passage de la rivière.

Ajoutons à cela que de l'occupation du Hundsrück dépend ordinairement la possession de la rive gauche du Rhin au-dessus de Coblentz, et en même temps le passage de ce fleuve à Saint-Goar, où les restes du château et du fort de Rheinfels offrent toujours un bon poste, si on les fortifie par quelques retranchements. Le Hundsrück forme un saillant projeté sur le flanc d'une armée envahissante, de façon à rendre ses progrès difficiles et dangereux, sinon impossibles. Nous voyons par là combien il importe de multiplier les obstacles à la marche d'un ennemi qui s'avance dans cette direction; et la nature du pays, où il y a seulement des masses de bois et des défilés, fait qu'il peut être facilement défendu par des forces comparativement minimes et même par des troupes irrégulières.

Les principaux points à remarquer dans le bassin de la Moselle sont Berncastel et Trarbach, sur les chemins de Kirchberg et Castellaun dans le district du Hundsrück à Wittlich; Zell, sur la route de Lützerath; Sehnheim et Beilstein, dans le passage qui mène à Kochheim et Kaisersesch; et enfin Tries, par où l'on va à Carden et Kaisersesch. Il n'y a néanmoins de pont nulle part, les rives sont fort rocheuses et s'élèvent de trois à quatre cents pieds à pic au-dessus des eaux. Pourtant, sur quelques-uns de ces points et spécialement à Berncastel, Trarbach, Zell et Beilstein, le passage est facilité de la rive droite à la gauche, le terrain présentant de ce dernier côté une pente aisée à gravir. A peu de distance de Coblentz, la route de Castellaun à Münster-Mayfeld rencontre la Moselle à Burgen, où le vieux château de Bischofstein, situé sur la rive opposée, fut construit probablement pour garder cette avenue. Alken est encore un point où le passage à la rive gauche est facilement praticable; en profitant de cette issue, un corps de troupes pourrait venir du Hundsrück attaquer soudainement par derrière une armée ou un corps d'observation bloquant Coblentz sur le front des forts de la Moselle.

Sur les hauteurs en arrière de Boppart, une forte position retranchée, défendue en front par des ravins profonds et infranchissables, et appuyant son flanc droit sur la Moselle au-dessus d'Alken, assurerait non-seulement les communications à travers les deux rivières, mais aussi donnerait à un petit corps la faculté de reprendre l'offensive, au plus léger échec éprouvé par l'ennemi, et de le forcer à laisser dans cette direction des troupes beaucoup plus nombreuses dans un but unique d'observation. De forts postes établis à certains points, comme Rheinfels par exemple, pourraient garder les communications plus loin encore le long du Rhin, et tenir l'ennemi à distance de ce fleuve, lors même qu'il serait temporairement maître du Hundsrück.

L'auteur de cet essai a examiné avec attention et reconnu personnellement chaque partie de cette puissante contrée sur les deux rives du Rhin et de la Moselle, et parcouru aussi le territoire de l'Eifel; il lui semble superflu de spécifier combien l'exécution de tous ces plans est favorisée par la possession du point occupé par le fort Alexandre et ses annexes, et à quel degré en dépendent les communications, les renforts et la retraite d'une armée ou d'un corps appelé à agir dans le district du Hundsrück.

DES FORTIFICATIONS AUXILIAIRES OU PASSAGÈRES.

Les travaux de défense accessoire ou temporaire sont ceux que l'on exécute à l'approche de l'ennemi, ou dès l'apparition d'une perspective lointaine de danger, et encore pendant la durée même des siéges.

(1) Augmentés à volonté avec les réserves tenues dans la ville et dans Ehrenbreitstein.

(2) En supposant 1,200 hommes, nous n'estimons en aucune façon nécessaire la présence permanente d'une aussi grande quantité de troupes dans la citadelle; mais nous avons donné le chiffre le plus élevé, afin de comprendre dans notre calcul des réserves toujours disponibles pour agir sur tous les points de chaque côté de la rivière. La moitié de ce nombre peut être considérée comme réserve.

Dans cette catégorie sont rangés : les palissadements des ouvrages de campagne et des chemins couverts, les batteries blindées, les lignes de contre-approches, les camps et positions retranchés, etc.

Les mesures adoptées par le gouvernement de la province rhénane, au moment où éclata en France la révolution de 1830, consistèrent à prendre toutes les précautions que l'incertitude de la situation politique de l'Europe rendait nécessaires : on pourvut à l'approvisionnement et à l'armement des forteresses, à la distribution de munitions de toute sorte aux divers magasins et forts, et on éleva quelques ouvrages avancés dont la construction avait été jusque-là différée.

Des quantités considérables de bois de chêne et de sapin furent rassemblées et déposées en arrière des divers ouvrages, où les piles, abritées par des toits en ardoises et parfaitement aérées, peuvent se conserver saines pendant des années.

Les batteries blindées (voir la planche B) se composent de forts piliers de chêne fixés debout dans le rempart et supportant des poutres transversales, surmontées d'une couche de fortes solives et de planches, recouverte de six pieds au moins de terre ou de gazon, ce qui forme un faîtage à l'épreuve de la bombe. On peut construire des batteries de ce genre dans les positions les plus avantageuses pour la défense des saillants, etc., aux flancs même et partout où cela est jugé nécessaire, spécialement pour incommoder la marche de l'ennemi et l'empêcher de faire des logements et d'établir des contre-batteries. Les perfectionnements du plan actuel en rendront l'emploi très-restreint, parce que des casemates y sont disposées de manière à voir tous ces points. Les blindages pour les canons sont placés immédiatement en arrière du parapet, et ceux des mortiers à une certaine distance, comme l'indiquent les figures. Les batteries de mortiers seraient aussi fort convenablement situées au pied du talus intérieur du rempart même, où elles seraient entièrement couvertes et pourraient éparpiller leur feu dans toutes les directions. On en a construit de permanentes en maçonnerie, en arrière du rempart, aux saillants du fort Alexandre.

Dans celles de ces casemates temporaires qui sont destinées à une seule bouche à feu, elle est protégée de chaque côté par des traverses à l'épreuve des éclats ; mais une batterie blindée de plusieurs canons adjacents, à la distance ordinaire de 18 pieds l'un de l'autre, exige seulement de la charpente dans les intervalles.

Lors du dernier et mémorable siége de la citadelle d'Anvers, les blindages construits pour la défense n'étaient pas proportionnés pour résister aux bombes ordinaires de 8 pouces, et ils furent transpercés dans tous les sens. Quelques-uns s'écroulèrent par leur propre poids, à cause de la faiblesse des piliers, et les canons furent ensevelis sous les décombres. Nonobstant cela, la garnison conserva toujours sur un flanc une batterie blindée de cinq pièces, qui voyaient la brèche et la contre-batterie, et les Français eurent beaucoup de peine à manœuvrer leurs bouches à feu, dont quelques-unes furent démontées par le feu des canons de ce flanc ; et si les troupes de la garnison avaient eu des casemates pour se mettre à couvert, des provisions suffisantes et les moyens de construire un retranchement de quelque importance dans le bastion, la place aurait pu tenir beaucoup plus longtemps.

DE LA DÉFENSE SOUTERRAINE.

(Voir la planche B.)

Nous choisirons un seul ouvrage, la flèche de Bubenheim par exemple, pour expliquer le système de défense souterraine, et nous montrerons quels avantages la garnison a sur les assaillants dans ce genre de guerre.

Des galeries d'écoute *g*, avec des petits rameaux *b*, sont établies longtemps d'avance, ou sont fréquemment construites en maçonnerie, en même temps que l'ouvrage même, spécialement en front des angles saillants, comme les points le plus susceptibles d'attaque. Après être parvenu à la troisième parallèle, exécutée ordinairement le plus près possible des fortifications hors la zone du terrain supposé défendu par des mines, l'ennemi peut seulement avancer par une série de fourneaux surchargés, établis successivement dans le but de détruire les galeries au moyen de l'ébranlement produit par l'explosion.

S'il continuait ses approches et l'établissement de ses batteries, ou le couronnement de la contrescarpe à la sape volante, il s'exposerait la plupart du temps à sauter par l'effet des mines préparées dans ce dessein. On doit affecter la défense souterraine seulement aux ouvrages assez forts pour qu'il ne soit pas au pouvoir de l'ennemi de les prendre d'assaut nuitamment ; car dans ce cas elle ne serait d'aucune utilité, à moins peut-être que les mines ne fissent explosion juste à temps, ce qui causerait des pertes aux assaillants ; mais on obtient bien mieux ce résultat simplement au moyen de fougasses.

Aussi l'ennemi doit-il se mettre à ouvrir des puits *s* pour pousser des rameaux dans plusieurs directions et disposer des mines contre l'ouvrage ; mais les écoutes étant seulement à 90 pieds de distance les unes des autres, et à 20 ou 25 pieds au-dessous de la surface du terrain, elles donnent à la personne apostée dans chacune d'elles la faculté d'entendre les travaux de l'ennemi dès leur commencement. Les défenseurs ont toujours par conséquent la possibilité de prévenir les assaillants, et de les détruire longtemps avant qu'ils aient conduit leurs galeries ou puits assez près pour établir des fourneaux.

L'auteur n'a pas l'intention d'entrer ici dans tous les détails qui appartiennent à un traité sur les mines, mais seulement de faire observer que la disposition des galeries d'écoute et des rameaux, dont les extrémités sont dirigées vers la marche de l'ennemi, lui en rend la destruction très-difficile ; et si des mineurs habiles savent user de cet avantage, l'ennemi réussira seulement après d'immenses pertes, et avec beaucoup de persévérance, à couronner le chemin couvert ou la contrescarpe. Des mois peuvent être consumés au siége d'un ouvrage dûment défendu par des mines ; et, le cas échéant d'une autre guerre en Europe, le système de forteresses établies durant les vingt dernières années, depuis la paix de Paris, donnera à une *armée nationale* le pouvoir de protéger sa patrie contre un envahisseur démesurément supérieur en nombre, — et en ce qui est appelé communément « discipline », mais doit presque toujours être entendu purement comme « exercice ».

Les expériences faites à Metz par les Français, dans le but d'éprouver à quel point on peut compter sur les « globes de compression », ou fourneaux surchargés (employés pour la première fois par l'ingénieur Lefebvre au siége de Schweidnitz, du temps de Frédéric le Grand), ne justifièrent nullement la manière dont on avait parlé de cet appareil. Il fut prouvé que les galeries au-dessous du niveau du globe de compression, présentant leurs extrémités à ses effets, n'étaient point en danger de destruction à de très-petites distances, et les incalculables avantages possédés par les défenseurs sur les assaillants, dans la guerre souterraine, rendent excessivement douteux qu'un ouvrage fort, activement défendu par quelques mineurs expérimentés, puisse être pris dans le cours d'une saison, et mettent une forteresse avantageusement située, comme est le sujet du présent mémoire, en état de défier toutes les entreprises. Des petites forteresses frontières, situées ailleurs que sur de grandes rivières, peuvent être réduites par la famine dans un temps donné, et doivent être estimées seulement comme des auxiliaires contre les premières hostilités ; mais il faut considérer comme les grands boulevards de la Germanie des places telles que sont maintenant Cologne, Coblentz et Mayence, pourvu seulement qu'elles soient occupées par des troupes nationales.

Mais, pour revenir à la discussion, on objectera sans doute que l'ennemi peut pratiquer la descente du fossé de l'ouvrage, prendre par conséquent possession des galeries pendant l'établissement du logement sur la contrescarpe, et réduire ainsi l'affaire à une pure question de dévouement héroïque, comme c'est l'usage dans l'assaut d'une brèche, où le sacrifice d'une multitude d'hommes a souvent triomphé des plus extrêmes difficultés contre toute apparence de probabilité. Il y a simplement à répondre que, d'une part, les ouvrages mentionnés sont au préalable d'un fort profil, à contrescarpes revêtues et batteries flanquantes casematées pouvant seulement être détruites par une batterie sur la contrescarpe, et que le revêtement crénelé fournit aussi un feu de mousqueterie dans le fossé ; mais encore, d'autre part, que les vastes et solides réduits en arrière rendent le succès d'un semblable assaut impossible, et donnent à la garnison, bien qu'elle soit peu nombreuse, le pouvoir de soutenir une attaque jusqu'au bout, — à supposer que l'ennemi ait surmonté la crainte des fougasses ou même les ait tout à fait méprisées, et que, après avoir perdu la moitié de son monde sur le glacis par l'explosion des fourneaux et fougasses, il descende la contrescarpe haute de 15 à 20 pieds, et s'avance dans le fossé pour escalader l'ouvrage principal et s'emparer des galeries sous la contrescarpe.

En effet, là il est exposé au feu de mitraille des casemates flanquantes et au feu de mousqueterie du revêtement crénelé; et s'il réussit, en dépit de toute probabilité, à gravir le rempart de l'ouvrage principal, sa position n'est guère meilleure, car il n'a pas davantage les moyens de donner l'assaut aux réduits en arrière, qui sont construits en maçonnerie solide et élevés de 30 à 36 pieds. Il ne pourrait indubitablement avancer que par degrés et en se rendant successivement maître des mines.

Il peut paraître superflu d'avoir tant discouru sur un sujet qui semble ne demander aucun commentaire; mais, parler de la déchéance de toutes les forteresses indistinctement est, depuis quelques années, devenu tellement à la mode dans les armées de l'Europe, que quelques mots de controverse ne peuvent être tout à fait hors de propos, s'ils démontrent comment la question dépend entièrement de la *nature* de ces forteresses, à savoir : si ce sont de petites places frontières, ou bien des positions spacieuses et contenant en elles-mêmes tous les éléments d'offense et de défense, comme il en est de celles qui nous occupent.

Il reste seulement à dire que la partie ornementale et accessoire des détails a été aussi soignée et ne mérite pas moins d'éloges que les dispositions défensives de la forteresse. Toutes les routes sont bordées d'arbres de diverses espèces, hêtres, acacias, châtaigniers, chênes et autres, et les glacis de la ville et de tous les forts sont couverts de taillis ou bosquets de hêtres, de noisetiers, d'aunes, etc., dont la coupe donne périodiquement des produits notables durant la paix, et qui doivent, en cas de guerre, fournir tous les bois pour la confection des fascines, gabions palissades, etc. Le tout peut être abattu et enlevé en peu de jours, selon l'occurrence, et il est inutile d'insister sur l'avantage d'avoir de pareilles ressources sous la main. Outre cela, les racines rendent le terrain du glacis impénétrable à la bêche et à la pioche, et la tâche du sapeur devient presque désespérée; en même temps ces plantations présentent un aspect agréable et une ombre délicieuse, au lieu de l'affreuse désolation qui environne ordinairement une place fortifiée. Elles interdisent aussi la vue des remparts à un examen fortuit; mais le présent essai prouve combien cet empêchement est en réalité peu efficace, car l'auteur a fait seulement usage de ses propres yeux pour explorer le labyrinthe ingénieux et les difficultés compliquées dans lesquels la science de la fortification s'enveloppe aux regards de l'observateur inexpérimenté. Les ornements des portes et des autres parties inexposées aux coups éloignées sont remarquablement appropriés et élégants, et les diverses tours et redoutes détachées servent de magasins à poudre en temps de paix. Grâce à cet arrangement, en cas d'accident causé par la foudre ou de toute autre manière, on court risque de faire seulement de petites pertes à la fois et d'éprouver un dommage facile à réparer. Le danger est insignifiant en comparaison de ce qu'il pourrait être si les munitions étaient conservées dans le voisinage de la ville.

L'impression produite par la revue générale de tout le plan, et le résultat de l'étude la plus minutieuse de cette importante position, concourent sans réserve à honorer hautement l'auteur du projet et le directeur des travaux, le général Aster, et décernent de glorieux titres à ses coopérateurs, les ingénieurs prussiens, corps d'officiers aussi savant et à tous égards aussi estimable que pas un en Europe.

On a suivi le même système pour les fortifications de Cologne, en le modifiant seulement selon les exigences du terrain. C'est une place dont la possession n'est pas moins importante que celle de Coblentz, mais qui contient une grande population et qui, tant pour cette raison qu'à cause de la nature du pays, plus découvert sur les deux rives du Rhin, est incapable d'une aussi grande résistance. Comme forteresse, Coblentz est éminemment supérieure, au-dessus de toute comparaison avec Cologne aussi bien qu'avec tous les établissements de ce genre en Europe, à l'exception de Gibraltar. Mais ce dernier doit davantage à la nature qu'à l'art, et c'est une position isolée, beaucoup plus importante pour une puissance maritime comme l'Angleterre qu'elle ne le serait pour l'Espagne, si celle-ci la possédait encore.

Cologne avait déjà une enceinte de remparts élevés, commandés par des tours et précédés d'un fossé profond. Il était donc seulement nécessaire de disposer le parapet pour les besoins de la mousqueterie en le réparant, et de construire quelques ouvrages extérieurs, afin de mettre la ville en état de résister à une attaque régulière. Une chaîne de forts détachés, semblables au fort Francis dans tous leurs détails, tiennent l'ennemi hors de portée, et empêchent le bombardement de la ville. Le bombardement amènerait presque toujours la reddition d'une place comme Cologne, parce que sa destruction ne serait après tout compensée par aucun avantage, même au point de vue purement militaire, le pays étant également ouvert de tous côtés. Néanmoins, à Cologne, le Rhin a trois quarts de mille anglais de largeur, outre qu'il est fort rapide, et il est d'une grande importance de posséder une semblable position à cheval sur un fleuve navigable, qui est la grande route conduisant au cœur de la Germanie et en Suisse.

Il en est de même pour Mayence, dont les anciennes fortifications étaient déjà d'une grande valeur et qui, pour devenir imprenable, avait seulement besoin d'une ceinture de forts détachés judicieusement situés. On est sur le point de fortifier aussi d'après les mêmes principes Ingolstadt (1) sur le Danube, place importante sous tous les rapports pour la Bavière et le midi de l'Allemagne. De plus les Autrichiens fortifient également dans le même style les hauteurs qui environnent Vérone et les passages qui mènent de l'Italie dans le Tyrol. Comme la roche est partout pierre calcaire, marbre et porphyre dans ce gisement, elle fournit d'immenses blocs à la construction et lui donne une apparence de magnificence et de solidité fort imposante; mais peut-être n'est-elle pas en réalité capable de plus de résistance que le mode savamment imaginé de former des masses compactes de maçonnerie, dont l'emploi a été adopté sur les bords du Rhin. Si on laisse durcir cette bâtisse pendant quelques années, elle rivalisera de durée avec les célèbres murs romains. Les carrières du voisinage de Coblentz renferment de l'argilite, pierre d'un excellent usage, puisqu'on peut s'en servir aussi convenablement que de la brique pour cintrer des arches; elle est en même temps remarquablement sèche, et s'unit incomparablement avec le mortier. Il existe à Rüdesheim un fort romain, bâti tout à fait dans le style des constructions modernes que nous venons de décrire, et ressemblant davantage à un roc massif qu'à une œuvre de main humaine. Toutes les vieilles tours et les antiques châteaux des bords du Rhin ont été édifiés et voûtés avec la même pierre, et rien ne peut donner une meilleure preuve de sa supériorité.

Les détails, remarques et observations consignés ici, et les plans et coupes que j'ai pu y joindre, sont le résultat de trois années d'études et de recherches faites sur les lieux; et je crois qu'on trouverait peu de différence entre mon travail et les plans originaux des ingénieurs prussiens, s'il était possible de les comparer ensemble. Comme j'estime la matière infiniment importante pour tous les militaires, je n'hésite nullement à publier cet ouvrage, sachant bien que les Russes ont des plans, et ne faisant aucun doute que les Français en aient aussi. En outre, comme je n'ai reçu informations ni confidences de personne que ces communications puissent compromettre, je fais seulement une chose équitable en plaçant le fruit de mes labeurs sous les yeux de la jeune génération; et j'espère par cette publication exciter l'attention sur le sujet, solliciter la critique des défauts ou imperfections possibles du système que j'ai voulu apprécier, et rendre ainsi service à la science.

(1) 1835.

TABLE DES MATIÈRES.

Dédicace 6
Essai sur le système moderne de fortification 7
Sur le revêtement détaché 8
Ehrenbreitstein 10
Reconnaissance de la Moselle, faite par l'auteur en 1834 12
Des fortifications auxiliaires ou passagères. 12
De la défense souterraine 13

FIN DE LA TABLE DES MATIÈRES.

SAINT-CLOUD. — IMPRIMERIE DE BELIN-MANDAR.

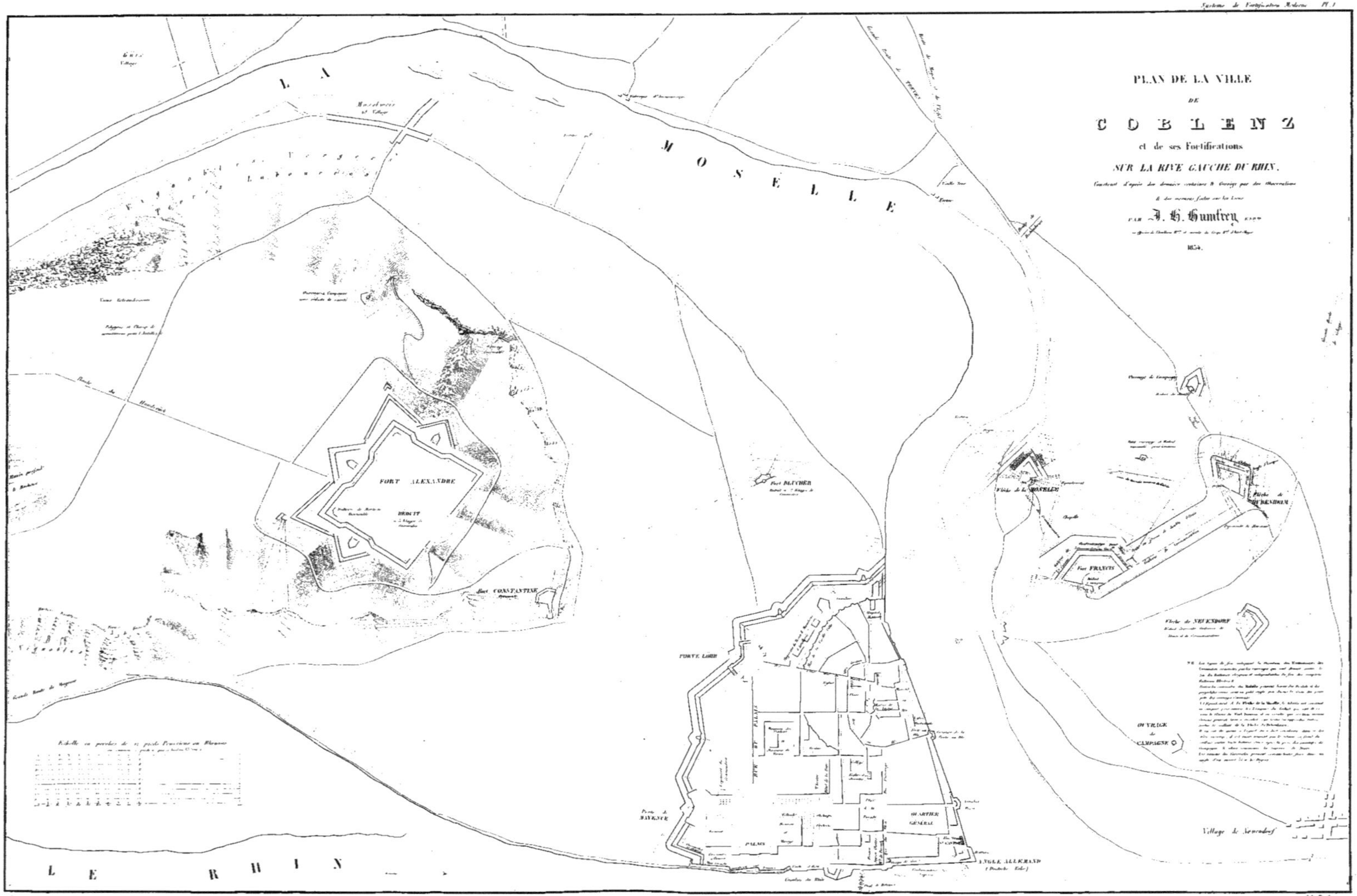

PLAN DE LA VILLE

DE

COBLENZ

et de ses Fortifications

SUR LA RIVE GAUCHE DU RHIN.

PAR J. H. Humfrey

1834.

LA MOSELLE

LE RHIN

FORT ALEXANDRE

REDUIT

Fort CONSTANTINE

Fort BLÜCHER

Fort FRANCIS

Flèche de la MOSELLE

Flèche de BUBENHEIM

Flèche de NEUENDORF

OUVRAGE de CAMPAGNE

PORTE LÖHR

Porte de MAYENCE

RUE DU PALAIS

QUARTIER GÉNÉRAL

PALAIS

ANGLE ALLEMAND

Village de Neuendorf

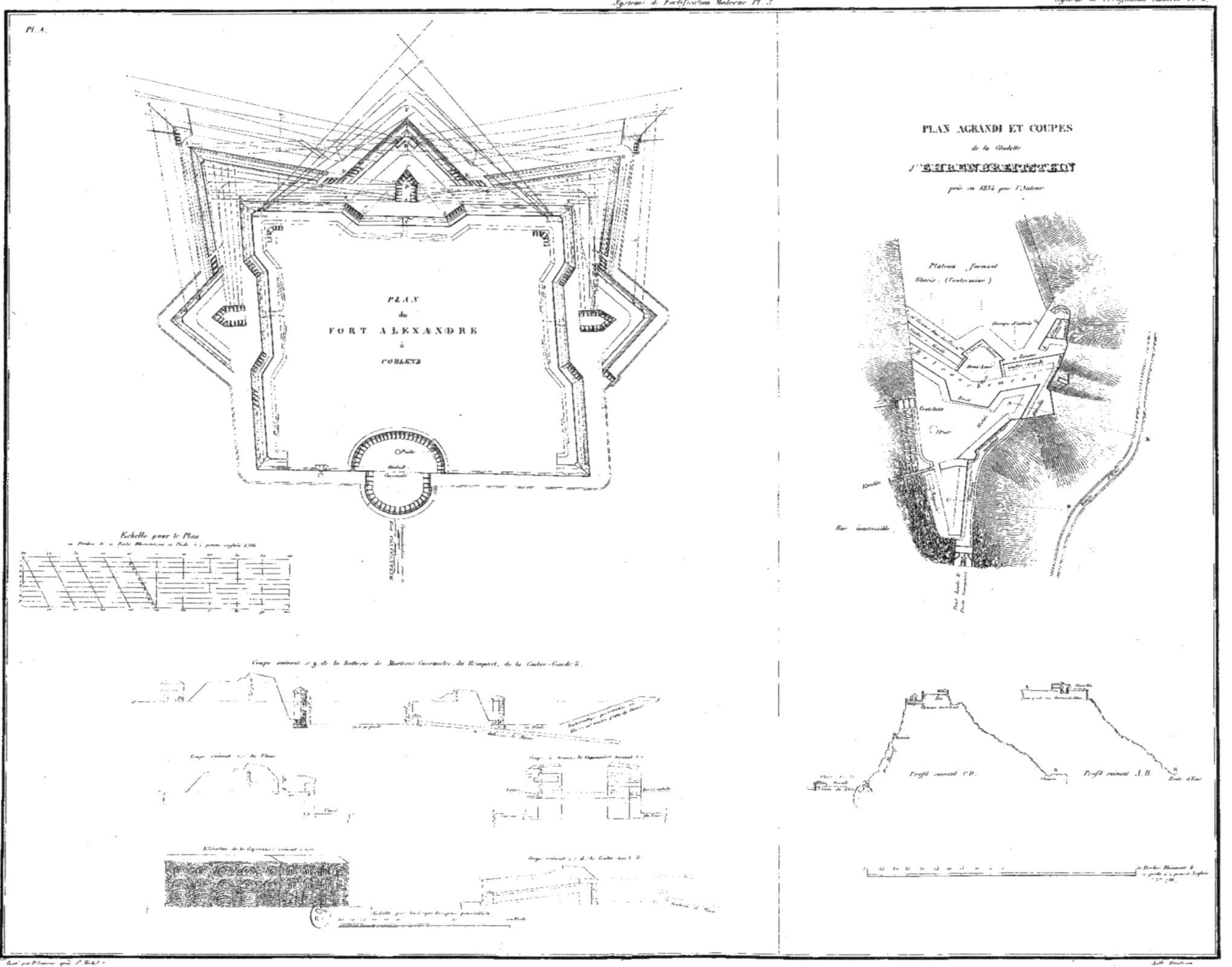
Système de Fortification Moderne Pl. 2
Système de Fortification Moderne Pl. 3
Pl. A.
PLAN
du
FORT ALEXANDRE
à
COBLENZ
Echelle pour le Plan
PLAN AGRANDI ET COUPES
de la Citadelle
d'EHRENBREITSTEIN
pris en 1834 par l'Auteur
Plateau formant
Glacis (Contremine)
Profil suivant C.D.
Profil suivant A.B.

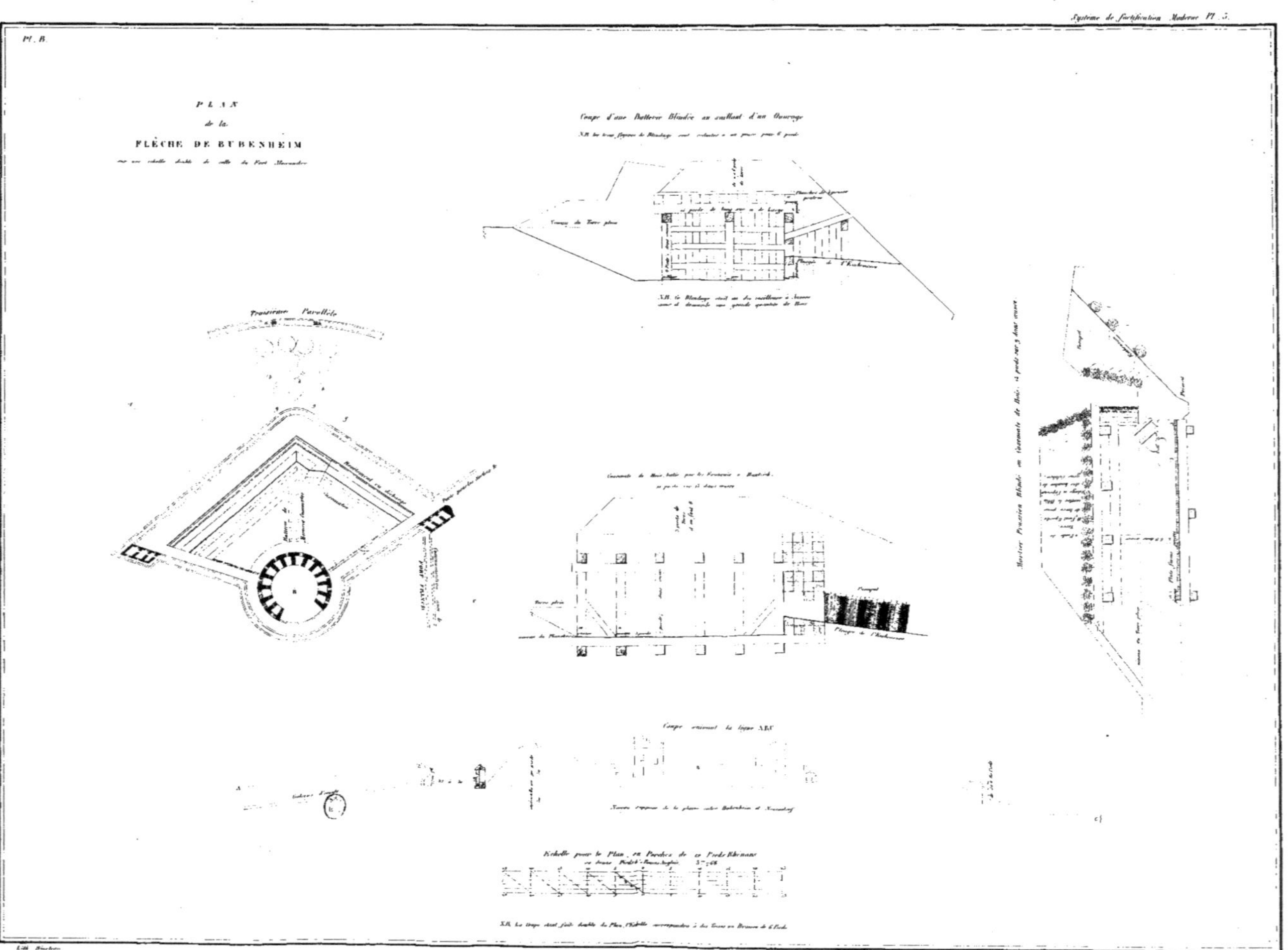
Pl. B.
PLAN
de la
FLÈCHE DE BUBENHEIM
Coupe d'une Batterie Blindée au saillant d'un Ouvrage
Troisième Parallèle
Coupe suivant la ligne ABC
Echelle pour le Plan, en Perches de 12 Pieds Rhénans

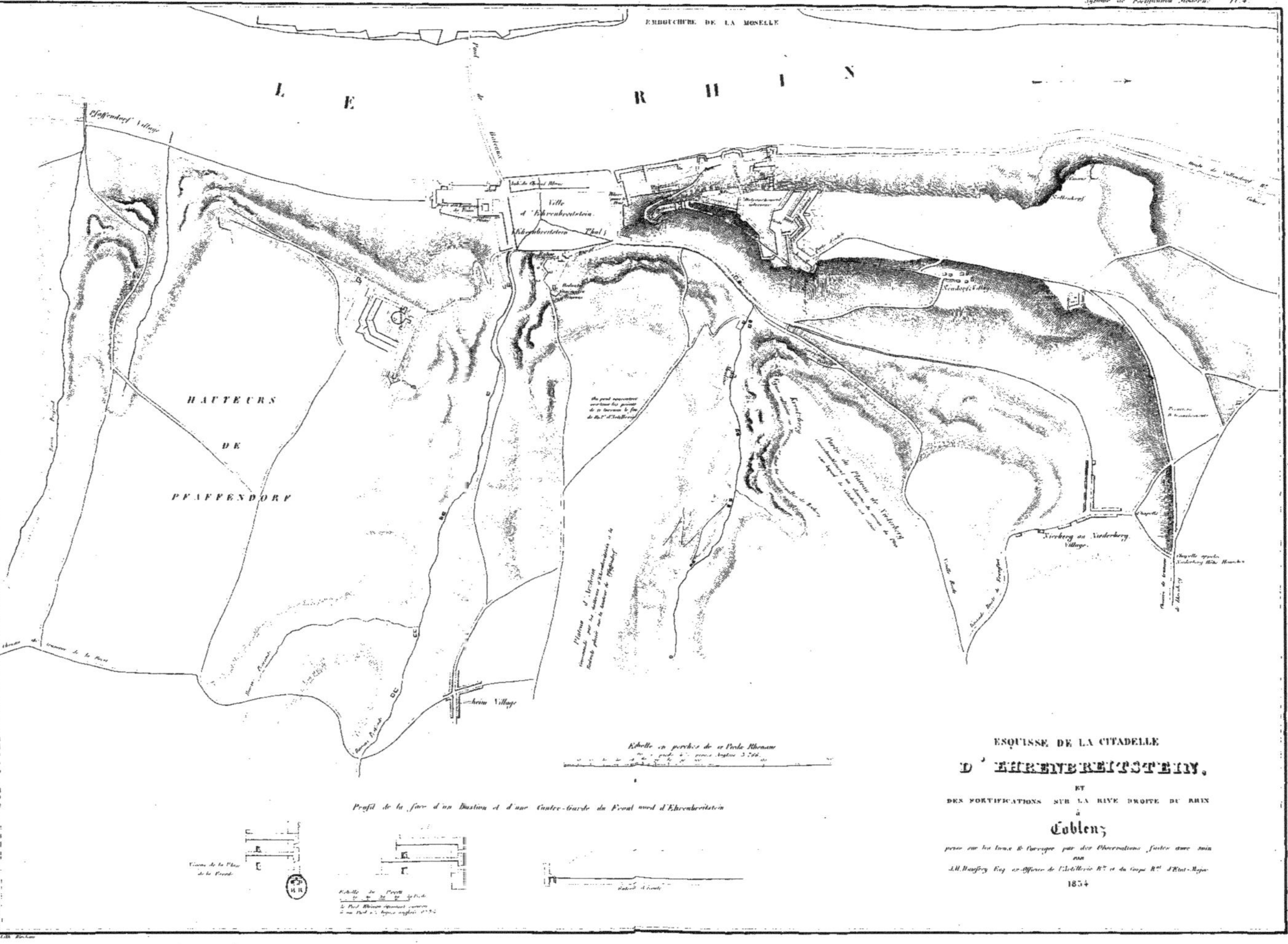
EMBOUCHURE DE LA MOSELLE
LE RHIN
Pont de Bateaux
Pfaffendorf Village
Ville d'Ehrenbreitstein
HAUTEURS DE PFAFFENDORF
Kreutzberg
Partie du Plateau de Niederberg
Niederberg ou Niederberg Village
Echelle en perches de 12 Pieds Rhenans
Profil de la face d'un Bastion et d'une Contre-Garde du Front nord d'Ehrenbreitstein
ESQUISSE DE LA CITADELLE
D'EHRENBREITSTEIN,
ET
DES FORTIFICATIONS SUR LA RIVE DROITE DU RHIN
à
Coblenz
1834

www.ingramcontent.com/pod-product-compliance
Ingram Content Group UK Ltd.
Pitfield, Milton Keynes, MK11 3LW, UK
UKHW012130240726
13965UKWH00005B/2075

9 782013 495646